LE
GÉNÉRAL HOCHE

CONFÉRENCE FAITE AU GRAND-THÉATRE DE VERSAILLES

LE 24 JUIN 1879

POUR LE 111ᵉ ANNIVERSAIRE DE HOCHE

PAR

M. HIPPOLYTE MAZE

Professeur Agrégé d'Histoire
Ancien Préfet de la République

VERSAILLES

IMPRIMERIE ET STÉRÉOTYPIE CERF ET FILS

59, RUE DUPLESSIS, 59

1879

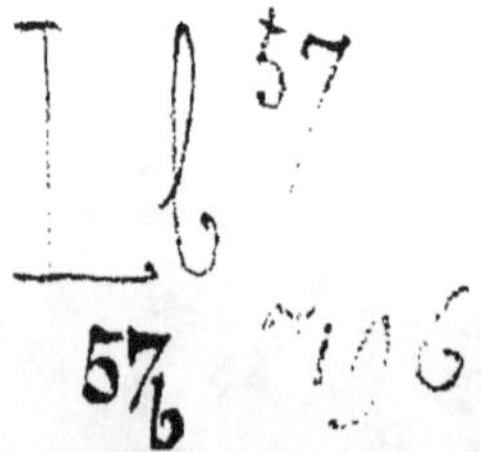

LE GÉNÉRAL HOCHE

CONFÉRENCE FAITE AU GRAND THÉATRE DE VERSAILLES

PAR M. HIPPOLYTE MAZE

Professeur Agrégé d'Histoire, Ancien Préfet de la République.

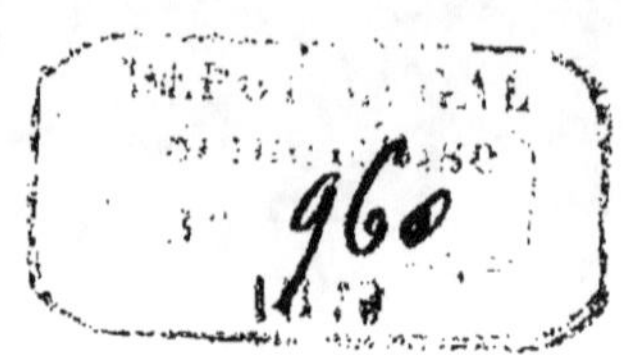

Mes chers concitoyens,

Vous me croirez sans peine quand je vous dirai que j'éprouve une sincère et profonde émotion en reprenant la parole dans cette ville de Versailles où j'ai eu autrefois l'honneur d'enseigner l'Histoire pendant sept années et où vous avez bien voulu me rappeler dans une si solennelle circonstance. Parler dans cette ville si pleine des souvenirs de la Révolution, parler d'une des gloires les plus pures de la République, trouver un langage, je ne dirai pas digne de cette grande figure (ce ne serait pas possible), mais à peu près approprié à un tel sujet, c'est une lourde tâche que je n'ai, je tiens à le déclarer ici, ni recherchée, ni désirée; je me suis borné à l'accepter, non sans hésitation, lorsqu'elle m'a été spontanément offerte par votre commission des Fêtes de Hoche avec un empressement et une cordialité dont je resterai à jamais touché ; pour essayer de bien remplir cette tâche, j'ai dû écarter de ma mémoire et je vous demande d'écarter un instant de la vôtre le souvenir des voix éloquentes, autorisées, aimées, chères à cette ville et même à la France que vous aviez choisies depuis onze années pour célébrer la mémoire de Hoche. Ne vous arrêtez point à ma parole qui ne saurait soutenir tant d'écrasantes comparaisons ; ce n'est pas l'orateur que mes amis de Versailles ont vu en moi lorsqu'ils m'ont demandé d'être aujourd'hui leur interprète ; c'est le serviteur modeste mais passionné des deux grandes causes qui nous réunissent ici et qui sont inséparables : celles de la Révolution française et de la République. (Applaudissements.)

Le jour où Paris célébra les funérailles du général Hoche, un peuple immense se porta au Champ-de-Mars, dans cette plaine où déjà s'étaient accomplis tant d'actes solennels de la vie de la France depuis 1789 et qui est restée, selon la belle expression de mon vénéré maître, Michelet, l'autel même de la Révolution ; au milieu de la vaste plaine se dressait une pyramide environnée de drapeaux aux trois couleurs et sur laquelle étaient inscrits les noms des victoires de Hoche ; devant cette pyramide était placé le buste du général ; tout autour se groupaient les membres du Gouvernement, les Ministres, les Chambres, l'Institut, les grands corps de l'Etat, les généraux de la République, les troupes en armes. Le président du Directoire prononça l'éloge de Hoche ; au nom de l'Institut, le savant Daunou parla à son tour ; puis, des jeunes filles et des vieillards entonnèrent successivement les strophes d'un hymne patriotique dont Marie-Joseph Chénier avait composé les paroles et Chérubini la musique ; c'était comme le chœur antique qui reparaissait pour louer une gloire égale aux plus grandes de l'antiquité. Quand, au milieu d'un recueillement universel, l'éloquence et l'art eurent célébré le héros, cent mille assistants vinrent, dans un ordre admirable et spontané, défiler devant son image en jetant à ses pieds, comme un dernier hommage d'admiration et de respect, les rameaux verts dont ils avaient dépouillé les chênes du Champ-de-Mars. (Applaudissements.) Versaillais, vous renouvelez en ce jour cette mémorable solennité ; depuis onze ans, depuis que la mémoire de Hoche sortie de son siècle est vraiment entrée dans la postérité, vous n'avez jamais manqué de lui consacrer une fête patriotique et républicaine ; vous en avez pris l'initiative dans des temps difficiles ; pour la célébrer, vous avez bravé plus d'un gouvernement de combat, depuis celui du 2 décembre jusqu'à celui du 16 mai et vous me saurez gré de payer ici notre dette de reconnaissance à ceux qui ont pris l'initiative de ces fêtes, à ceux surtout qui leur ont en quelque sorte offert un asile dans leur hospitalière maison, alors qu'on nous refusait le droit de célébrer au grand jour le glorieux enfant de Versailles ; vous les connaissez, ces courageux citoyens et vous les avez placés avec raison parmi les élus de la cité ; il convient que leurs noms soient rappelés en ce jour ; je suis heureux de saluer au passage nos amis Jeandel et Lefebvre. (Applaudissements prolongés.)

Mais pourquoi Versailles met-il tant de persistance et d'empressement à célébrer la mémoire de Hoche ? Serait-ce donc, comme le prétendent nos adversaires,

pour se donner le plaisir d'une manifestation plus ou
moins stérile ? Si cela était, mes chers concitoyens, je
ne serais pas ici, je vous l'avoue, et vos conseillers na-
turels, vos députés, vos sénateurs vous auraient à coup
sûr engagés à ne plus vous réunir le 24 juin ; nous n'é-
prouvons aucunement le besoin ni l'envie de faire des
manifestations ; nous les laissons à nos adversaires
avec le bruit et la violence ; nous nous permettons
même de dédaigner le tout ensemble parce que nous
sommes vraiment forts, parce que nous avons fondé
un gouvernement appuyé sur la volonté du pays régu-
lièrement et librement consulté, parce que la République est la Loi, parce qu'elle est le Droit. (Applaudissements.) Non, Messieurs ; le premier devoir d'une nation,
c'est d'honorer ceux qui l'ont noblement servie ; vous
venez ici remplir ce devoir ; vous venez saluer dans un
des hommes dont la patrie est le plus justement fière,
le plus illustre de vos ancêtres ; cela est bien ; cela est
beau ; au nom de la République, au nom de la France,
nous vous en remercions, nous vous en félicitons ! (Applaudissements).

Vous perpétuerez à jamais cette pieuse tradition et,
si vous voulez bien m'en croire, vous ajouterez même
quelque chose à votre œuvre ; oui, vous avez une ré-
paration à accomplir et je la signale avec confiance à
votre Conseil municipal, à vous tous. Lorsque Versailles
eut conçu la pensée d'élever, sur l'une de ses places
publiques, une statue au général Hoche, elle demanda
une inscription funèbre digne du sujet à un homme qui
a été l'une des gloires de l'Université, des Lettres et de
la Tribune françaises ; j'aime toujours à citer le nom de

cet homme en souvenir de son rare talent, en souvenir aussi de la bienveillance qu'il m'a témoignée dans ma première jeunesse; c'était Villemain. Villemain n'a jamais passé, que je sache, pour un ardent républicain, mais c'était un esprit singulièrement élevé, large, libéral; après avoir rappelé en quelques lignes éloquentes les principaux titres de Hoche à la reconnaissance de la postérité, il crut devoir ajouter ces simples mots :

Sa gloire croissante n'eût jamais rien coûté à la liberté de sa patrie.

Ces deux lignes avaient, vous le sentez, Messieurs, une importance capitale; car ce n'était pas seulement au jeune victorieux, ce n'était pas même seulement au pacificateur de la Vendée — si grand cependant — que Versailles entendait rendre hommage; c'était encore et surtout au soldat-citoyen, à l'homme dépourvu, comme l'a dit si bien dit M. Thiers, de « cette audace cou- » pable qui peut porter un capitaine illustre à ambition- » ner plus que la qualité de citoyen »; eh bien ! ces mots ont disparu; vous savez comment. Ils eurent le malheur de déplaire aux héritiers et aux partisans de celui qui fut pour Hoche un rival de gloire militaire mais non de civisme; Messieurs, s'il y a eu des gouvernements assez peu soucieux du respect dû à vos monuments pour essayer d'en atténuer le caractère et de fausser ainsi la vérité historique, la République doit réparer cette faute ! (Applaudissements prolongés.) Mes chers concitoyens, je vous demande la permission de considérer vos applaudissements comme une adhésion formelle à ma proposition, comme un engagement

que vous voudrez tenir ; j'espère que nous verrons,
avant peu, rétablie dans son entier l'inscription de
Villemain et je me féliciterais d'avoir pu provoquer parmi vous cet acte de justice. (De toutes parts : Oui ! oui !
Applaudissements.)

Je n'ai pas l'intention, Messieurs, de revenir aujour-
d'hui sur les détails de la vie de Hoche ; cela a été fait
plusieurs fois à Versailles de main de maître et encore
il y a deux ans, à pareille époque, par mon excellent
ami M. Journault, votre sympathique député ; je me bor-
nerai à rappeler quelques traits de cette vie, à vous dire
ceux qui m'ont personnellement le plus frappé, ceux
qui me paraissent le plus dignes d'être médités pour le
bien du pays.

Le premier de ces traits, celui qui saisit tout d'a-
bord l'esprit, l'étonne, le confond, c'est la prodigieuse
activité du héros ; pour lui, de la première jeunesse à
la tombe, pas une heure, pas un instant de perdus ;
encore enfant pour ainsi dire, trop pauvre pour s'instruire (car, en ce temps là, il fallait le plus souvent,
être riche pour s'instruire,) il travaille de ses mains, le
jour, et gagne l'argent nécessaire pour se procurer les
livres qu'il lit la nuit ; il s'en va bêcher, arroser chez
les jardiniers des environs de Versailles, dans ce quar-
tier de Montreuil où je ne passe jamais sans songer
avec émotion à cet homme de peine d'un nouveau
genre et à sa tante, la brave fruitière qui l'éleva ; un peu
plus tard, enrôlé dans les gardes françaises, en même
temps qu'il devient un soldat et un sous-officier modèle,
il brode des gilets, des bonnets de police, et, sur ses
petites économies , il achète Voltaire, Rousseau, les

philosophes du xviii° siècle, les précurseurs et les apôtres de la Révolution ; il lit aussi les anciens, les Latins dans le texte, et nos maîtres du xvi°, du xvii° siècle, Montaigne, Molière qu'il citera plus d'une fois dans sa correspondance. L'on a parfois prétendu que les généraux de la Révolution étaient des hommes sans instruction, sans valeur intellectuelle ; c'est là une erreur, une légende mensongère spécialement pour les premiers de nos généraux ; ils avaient presque tous l'esprit cultivé, orné ; Hoche et Kléber étaient même savants à leur façon ; ce qu'il faut dire, c'est que, sortis des derniers rangs du peuple, ils durent faire les plus grands, les plus énergiques efforts pour atteindre un haut degré de culture ; ils n'en eurent que plus de mérite et c'est cela que l'histoire doit proclamer ! (Applaudissements).

On dit trop aussi que ces grandes illustrations arrivèrent d'un seul bond aux premiers grades de l'armée, aux premiers postes ; sait-on combien de temps Hoche resta soldat et sous-officier ? Près de sept ans ! Engagé en 1785, il était encore adjudant en janvier 1792 ; plusieurs de ses glorieux émules n'eurent pas, au début, un avancement plus rapide mais ils eurent tous, que notre génération s'en souvienne, une jeunesse laborieuse, bien remplie, féconde par conséquent et quand les événements les placèrent en pleine lumière, ils se trouvèrent prêts aux rôles les plus difficiles ; telle est la vérité ! (Applaudissements).

L'heure solennelle a sonné pour la France ; la Patrie est en danger ; Hoche, bientôt remarqué, devient officier ; son activité lui fait confier les missions les plus redoutables ; sa nature ardente semblerait le désigner pour l'avant-garde; je le vois partout à l'arrière-garde et partout il se signale, dans la retraite de Grandpré qui rend possible la victoire immortelle de Valmy, à Aldenhoven où il sauve les magasins de l'armée, à Neerwinden où l'ennemi en lui tuant successivement trois chevaux ne le fait pas reculer d'une ligne et lui arrache ce mot si spirituel, d'une gaîté toute française : « Décidément, ces messieurs veulent me faire servir dans la ligne ! » (Sourires). Au milieu de ces luttes incessantes, il ne cesse de cultiver son intelligence, sa mémoire, sa langue; il a été remarqué par le général Le Veneur qui se l'attache comme aide de camp ; il devient pour Le Veneur non seulement un auxiliaire des plus précieux mais un élève docile, empressé ; il s'exerce à écrire sous sa direction; le brillant officier fait des compositions de style en même temps qu'il se signale devant l'ennemi; admirable exemple ! Payons aussi, en passant, notre dette au maître de Hoche, à Le Veneur; c'était un ancien officier royaliste franchement rallié à la cause de la Révolution; il avait failli émigrer, puis était rentré dans le devoir et cassé, comme suspect, il avait reconquis un à un tous ses grades, en quelques mois; c'était un homme instruit, distingué; plusieurs de nos généraux républicains eurent ainsi la bonne fortune de débuter dans les camps sous des chefs d'une véritable valeur qui avaient appartenu à l'ancienne armée et conservé ses plus nobles traditions, Kléber sous le colonel Guittard, Hoche sous le général Le Veneur; l'aide de camp resta toujours profondément reconnaissant à son chef; faisons comme lui ! Messieurs, ne renions rien de ce qui a été bon, de ce qui a été bien dans le passé de la France ; saluons avec respect ces officiers de la vieille monarchie qui furent les dignes maîtres des généraux de la jeune République! (Applaudissements).

Envoyé à Paris après la trahison de Dumouriez, Hoche ne se borne pas à remplir la mission dont il est chargé ; il rédige des rapports sur notre situation militaire ; il les adresse à Couthon ; celui-ci les trouve assez remarquables pour les soumettre au comité de salut public et, après les avoir lus, Carnot s'écrie : « Voilà un officier » subalterne d'un bien grand mérite. »

Dénoncé par des misérables avec son général et jeté en prison, au lieu d'employer son temps à gémir, à récriminer, que fait-il? Il écrit, il donne ses idées sur les moyens de délivrer la patrie envahie :

« Qu'on me mette les fers aux pieds, si l'on veut, s'é- » crie-t-il, mais qu'on me laisse travailler jusqu'à ce que » les ennemis soient hors de France... Quel que soit » mon sort, que la patrie soit sauvée et je demeure » content... »

Mis en liberté, on l'envoie défendre Dunkerque ; il sauve la place, mais il a passé six semaines sans se déshabiller ; à la fin, il succombe ; il est réduit à se mettre au lit pour deux jours ; croyez-vous qu'il va se reposer? Il emploie ces deux jours à mûrir un projet extraordinaire, à préparer une descente en Angleterre et, dès qu'il voit notre frontière Nord en sûreté, il demande qu'on l'envoie ailleurs : « Le repos, écrit-il au comité, le repos est une peine pour moi ! » Ce mot peint l'homme tout entier. De l'action ! encore de l'action !

Le voilà général ; commander à vingt-cinq ans l'armée de la Moselle, quelle tâche ! Mais aussi comme celui auquel on l'impose comprend son devoir ! Devant l'ennemi, il apprend la grande guerre en combattant ; dans sa tente, il étudie, il médite les *Commentaires* de César, la *Tactique* et l'*Histoire* de Polybe, les *Mémoires* de Frédéric II dont le meilleur disciple, Brunswick, commande l'armée prussienne ; d'abord battu, il prend bientôt une éclatante revanche ; il traverse les Vosges ; il fait une campagne comparable à la plus belle de Turenne ; à Reischoffen, à Freischwiller, à Soultz, noms si tristes pour nous aujourd'hui, il est vainqueur ; les lignes de Wissembourg sont emportées à la baïonnette ; Landau est débloquée ; l'Alsace est sauvée ; en quelques jours, Hoche a vaincu la Prusse et l'Autriche coalisées ! (Applaudissements prolongés).

Au comble de la fortune et du bonheur, car il venait d'épouser une femme adorée, digne de l'être et qui l'aimait aussi, le jeune victorieux, à la suite de graves dissentiments avec Saint-Just, est privé tout à coup de son commandement sur le Rhin, envoyé d'abord loin du théâtre de ses éclatants succès et bientôt arrêté ; suivons-le aux Carmes, à la Conciergerie. On a dit que là il avait employé son temps à faire la cour aux grandes dames, ses compagnes de captivité ; c'est encore une légende à mettre au rang de beaucoup d'autres! En prison comme à l'armée, Hoche travaille, lit Sénèque et Montaigne, compose de spirituelles et piquantes satires, poursuit même ses études militaires ; c'est dans son cachot, presque privé d'air et de jour, qu'il adopte cette devise si digne d'un soldat : *Res, non verba*, des actes et non des paroles ! (Applaudissements.)

Le 9 thermidor le rend à la liberté ; aussitôt il redemande un poste de combat ; on lui confie la plus terrible mission ; on l'envoie terminer la guerre de Vendée, la lutte la plus redoutable du temps, si nous l'en croyons, si nous en croyons aussi Kléber, Marceau, Bonaparte lui-même qui, envoyé dans l'Ouest, y alla, regarda et trouva des prétextes pour revenir aussitôt. (Sourires.) Hoche resta et déploya vraiment un génie universel ; général et administrateur de premier ordre, il se montra, de plus, diplomate et politique consommé ; il se montra surtout humain, généreux même pour ses assassins, comblant de bienfaits les veuves et les orphelins des misérables qui attentaient à sa vie ; jamais il n'oublia que les Vendéens étaient des Français, des frères égarés, déplorant leurs erreurs et même les respectant quand il le pouvait sans faillir à son devoir, sans péril pour la République. Depuis longtemps, l'Histoire a détruit d'odieuses calomnies que les écrivains royalistes sérieux n'ont pas même osé reproduire ; à Quiberon, Hoche fit plus que son devoir ; il voulut sauver Sombreuil et il demanda la grâce des prisonniers royalistes ; on peut dire qu'il mérita trois fois ce beau titre de *Pacificateur* que vous avez consacré, Messieurs, en le faisant graver sur les médailles du centenaire de Hoche ! Tant de travaux, tant de fatigues et de périls auraient épuisé un autre homme même vaillant et fort ; celui-ci ne s'arrête pas un moment ; que dis-je ? Avant d'avoir terminé sa tâche, un mois avant son départ de Vendée, il demande qu'on lui permette d'aller se mesurer avec les Anglais chez eux ; il veut leur rendre en Irlande leur invasion, grande et

habile conception ! Hoche ne remet à personne le soin
d'en préparer l'exécution ; c'est lui qui organise la flotte
et un bon juge, l'amiral Bruix, dit qu'avec un an d'expé-
rience il deviendrait « le meilleur ministre de la marine
qu'on pût avoir en France. » Qu'en dites-vous, Messieurs? Est-ce là un génie assez complet? On a trop
vanté chez Bonaparte l'universalité des talents et la
facilité d'assimilation. Ses émules eurent aussi ces
grandes qualités ; ils les tenaient de leur temps, de
cette belle époque du XVIIIe siècle, de l'éducation si large
et si féconde qu'on puisait alors dans les livres, dans le
monde, dans la vie quotidienne si active, si variée !

Grâce aux vents et aux tempêtes, grâce aussi peut-
être à de basses jalousies, l'expédition d'Irlande échoue;
Hoche revole à l'armée de Sambre-et-Meuse ; il donne à
ses quatre-vingt mille hommes une merveilleuse orga-
nisation, envahit l'Empire, occupe en quatre jours
trente-cinq lieues du territoire ennemi, triomphe dans
trois batailles et cinq combats, menace Vienne ; seuls,
les préliminaires de Léoben le forcent à s'arrêter au
moment où l'édifice vermoulu de la monarchie autri-
chienne va crouler sous ses coups terribles et redou-
blés !

Sans se plaindre de la conclusion intempestive d'une
paix signée par Bonaparte sans ordres et en haine
d'un collègue dont le triomphe eût été trop complet,
Hoche revient de l'Autriche à l'Irlande, de Francfort au
Texel; il va s'embarquer ; Barras l'appelle au secours
du Directoire menacé ; il accourt du Texel à Paris ;
bientôt il reconnaît que Barras l'a trompé, qu'il n'a
point agi au nom du Directoire tout entier ; il retourne

à son camp; il veut, par de nouveaux travaux, se montrer digne de commander les deux armées de Sambre-et-Meuse et du Rhin qu'on vient de réunir sous sa main ; il songe à combiner une campagne continentale avec l'expédition d'Irlande ; la mort qui ne nous parut jamais si dure et si terrible touche le héros de son aile sans pouvoir briser son élan, son essor ; étendu à Wetzlar, sur ce lit qui doit être hélas ! son lit funèbre, il supplie son médecin de le guérir et son dernier mot est celui-ci : « Sauvez-moi, mais que votre remède ne soit pas le repos ! » (Applaudissements.)

Voilà le cri suprême de ce mourant ; agir fut l'unique préoccupation, l'unique ambition de Hoche ! « Le repos, disait-il, est la rouille du courage » et encore : » Marchons, marchons, il ne faut pas que la République attende l'an prochain pour être sauvée, » et puis : « De la vigueur ! de la vigueur ! de la vigueur ! » Parler de repos, c'est désirer la ruine de la République ! » Ah ! Messieurs, quelle grande leçon ! que la France contemporaine en fasse son profit ! Agir, travailler, mettre dans le travail toute son âme, toutes ses forces, voilà l'enseignement qui est écrit à chaque page de la vie de votre immortel ancêtre ; imitez-le ! Au travail donc, à l'exemple du héros ; au travail pour la Patrie ! La République a fait naître d'immenses espérances ; notre devoir à tous est de les justifier ; il faut de la prudence sans doute ; il faut encore plus d'énergie ; c'est le cri du pays ; comme Hoche, il dit au Gouvernement, aux Chambres, à tous ceux qui ont une part quelconque des pouvoirs publics, à chacun de nous : « De » la vigueur ! de la vigueur ! de la vigueur ! Parler de

» repos, c'est désirer la ruine de la République ! »
(Applaudissements prolongés.)

L'activité incroyable, infatigable de Hoche, cette énergie, cette vigueur d'où lui venaient-elles ? A quelles sources merveilleuses les avait-il puisées ?

D'un seul mot, je vous le dirai, Messieurs : Hoche *croyait* ; il avait une foi profonde, invincible aux destinées de la France et de la République ; écoutez-le : « Avec des baïonnettes et du pain, s'écrie-t-il, nous pouvons vaincre l'Europe ; » et puis : « Jamais un général républicain ne doit compter avec la nature » ; vaincu à Kaiserslautern, il écrit au Comité de salut public « Ne vous inquiétez pas ; j'ai d'autres moyens ; » et encore : « Il n'est point d'obstacle invincible ; le » Français conduit par l'amour de la patrie les surmon-» tera tous ; » je n'ai jamais pu relire de tels traits sans en être ému jusqu'au fond de l'âme ; ils donnent la note du temps ; le vieux conventionnel Baudot, mort il y a quelques années seulement, disait à Edgard Quinet en rappelant les dangers qu'il avait courus aux armées comme délégué du Gouvernement : « On nous trouvait » téméraires. Eh bien ! nous n'y avions aucun mérite ; » nous savions parfaitement que les boulets ne nous » pouvaient rien. » Mot profond et sublime de modestie ! *Les boulets ne leur pouvaient rien !* Ils avaient la France à sauver et ils étaient certains de la sauver malgré tout. Chose inouïe ! Cette certitude, nos ennemis avaient fini par la partager eux-mêmes ; le prince de Hardenberg tenait exactement le même langage que Hoche ; il a dit : « Aucun obstacle, pas même ceux que suscitaient les événements, n'arrêtait les Français. » Ah ! sans doute, les lois de la guerre ont changé depuis 1792 ; sans doute, aujourd'hui, la science doit, préparer la victoire. Mais, croyez-le bien, mes chers concitoyens, la première condition du triomphe pour une nation sera toujours la foi dans les idées qu'elle sert, dans la cause qu'elle défend. Sans cette foi, les succès passagers et partiels sont possibles ; il n'y a pas de succès durables !

La foi de Hoche embrassait, je l'ai dit, non-seulement les destinées de la France mais celles de la République; ne pouvant contester la grandeur de cet homme, on a essayé de nous le prendre ; on a osé soutenir que Hoche n'était pas républicain ; sa vie entière, sa correspondance, ses écrits de tous genres sont là pour attester son invincible attachement à la République. Il disait : « Ma figure peut paraître froide, mais, en fait de li- » berté, mon âme est de feu. » Lors de la trahison de Dumouriez, dans cette grave circonstance qui troubla, on le conçoit, plus d'une tête, voyez-vous ce jeune offi- cier qui, par la parole et par la plume, flétrit la conduite du général et de ses amis ? C'est le capitaine Hoche. Plus tard, quand après sa merveilleuse campagne de 1794 et à la suite de ses dissentiments avec Saint-Just, il est arraché à sa chère armée de Moselle, en quittant ses soldats, de quoi leur parle-t-il ? Des « tyrans coali- sés contre notre sainte liberté, » du « service de la » République notre mère commune » et il termine ainsi sa proclamation : « Vive à jamais la République une et » indivisible ! » puis, il se rend sans murmures et sans délais à son nouveau poste. En Vendée, les royalistes veulent l'attirer à eux ; ils mettent en œuvre tous les moyens de séduction ; ils emploient les émissaires les plus habiles, les plus fins, des femmes même ; ils offrent des millions, l'épée de connétable ; Hoche ne répond que par le dédain. Dans le même temps, il donne à sa femme ces conseils aussi pleins de patriotisme que de tact :

« Sois toujours bien républicaine, non pas en par-
» lant politique, mais en ne souffrant pas qu'on avilisse
» chez toi ou en ta présence les *lois constitutionnel-*
» *les* et en pratiquant les vertus. » Nous ne pouvons, aujourd'hui, tenir à nos femmes, à nos filles, un meil- leur langage.

Emprisonné par le comité de Salut public, du fond de la Conciergerie Hoche écrit encore à sa chère confi- dente : « Dis bien à nos amis que, dans le malheur, mon
» amour pour la République ne se dément pas » ; plus
» tard, comme un officier qui avait été son compagnon de captivité lui rappelait ces tristes jours : « Oublions
» cela, mon ami, répondait-il ; craignons que ce souvenir
» ne nous rende injustes pour ceux qui servirent la
» patrie au péril de la vie et qui s'immolèrent pour elle ! » Ainsi parlait, Messieurs, l'homme dont on a voulu faire un royaliste ! (Applaudissements.) S'il commit une faute en sa vie, ce fut son dévouement à la République qui la lui fit commettre ; s'il se laissa compromettre par Barras dans le coup d'Etat militaire du 18 fructidor, triste pré- sage du 18 brumaire, c'est qu'il vit la réaction mena- çante et la contre-révolution préparée par l'Assemblée anti-républicaine que présidait Pichegru ; voilà pour- quoi seulement il répondit à l'appel de Barras en of- frant son épée, sa bourse, tout ce qu'il possédait au monde, la dot de sa femme, l'unique espoir de sa fille

chérie ; ses vues étaient si pures, son désintéresse-
ment était si complet, qu'averti par Carnot des menées
de Barras il se hâta de quitter Paris et, peu de temps
avant sa mort, il disait « qu'il était heureux qu'un gé-
» néral en chef n'eût pas été mêlé au coup d'Etat de
» fructidor, qu'une République est bien près de sa ruine
» quand elle est visiblement sous l'égide d'une renom-
» mée militaire trop éclatante, qu'elle veut être *servie*
» et non protégée » ; c'était bien le même homme qui
avait écrit naguère en destituant un officier coupable
d'avoir molesté l'autorité civile : « Fils aînés de la Ré-
» volution, nous abhorrons le gouvernement militaire ; il
» est celui des esclaves. » (Applaudissements prolongés.)

Mais quand nous n'aurions pas ces preuves éclatan-
tantes et accumulées du républicanisme de Hoche, il
nous en resterait une autre peut-être plus irréfragable
encore ; je veux dire la jalousie et la crainte qu'il ins-
pirait à Bonaparte (Applaudissements.) ; oui, parmi tous
les généraux républicains, deux surtout firent trembler
l'ambitieux capitaine ; en cela, cet homme a vraiment
joué de malheur, car ses deux adversaires furent deux
des plus grandes et des plus pures gloires de la France ;
j'ai nommé Hoche et Kléber, le premier qu'il empêcha
de couronner sa campagne de 97 en signant sans ordres
ou plutôt malgré les ordres du Directoire les préliminaires de Léoben qui livraient Venise à l'Autriche, le
second qu'il abandonna sur la terre d'Egypte, dans une
situation désespérée, l'exposant à une capitulation
douloureuse et au poignard de Soleyman, laissant sans
munitions, sans canons, sans vêtements, sans un sou

en caisse et avec onze millions de dettes l'armée qu'il avait voulu conduire sur la terre africaine, pendant que lui-même désertait son poste pour venir intriguer à Paris, se frayer un chemin au pouvoir, égorger la République. (Applaudissements prolongés et répétés.)

Hoche aurait mérité que Bonaparte lui fût plus clément, car, moins perspicace que Kléber, il avait été pour son collègue d'Italie plus que généreux ; un jour, il avait pris sa défense en termes émus, avait même répondu de lui ; plus tard seulement, il vit clair et s'écria : « S'il veut se faire despote, il faudra qu'il me » passe sur le corps ! » Bonaparte dit depuis : « Hoche » se serait rangé ou je l'aurais écrasé » ; mais c'était là un de ces mots à effet comme les affectionnait *le maître*, une bravade tardive et trop facile après la mort du héros républicain ! Qui sait si le 18 brumaire eût été possible en face de Hoche et de Kléber adorés des soldats ? Mais la mort nous enleva l'un, et Bonaparte eut soin de reléguer l'autre en Orient. Ah ! quand je parcours l'histoire de ces temps, je ne m'en laisse pas moins ravir à la pensée que nous aurions pu avoir pour chef de l'Etat, en 1800, un Hoche, un Kléber, un grand homme qui eût été d'abord un honnête homme ; que de tristesses, que de crises morales et matérielles il nous eût épargnées en donnant dès lors à la Révolution son couronnement inévitable, c'est-à-dire en instituant définitivement la République qu'il nous a fallu reconquérir par plus d'un demi-siècle de luttes et de douleurs. (Applaudissements).

Notre victoire nous a coûté cher, Messieurs ; n'en recherchons que plus avidement les exemples, les con-

seils de ceux qui auraient pu et qui voulaient nous as-
surer plus tôt cette victoire. Ils furent presqu'en toutes
choses des précurseurs et la France vit encore de leurs
idées. En voulez-vous un exemple frappant pour ce qui
concerne Hoche? Vous avez encore présentes à la mémoire
les longues discussions qui eurent lieu à Versailles même
pour nous donner la Constitution actuelle. Eh bien !
j'étonnerai peut-être beaucoup de mes contemporains, ici
et ailleurs, en leur rappelant que Hoche avait en quelque sorte posé, il y a quatre-vingts ans, les bases de
nos lois constitutionnelles ; il disait, en effet, à son chef
d'état-major, à son ami Chérin, dans une lettre qu'on
peut regarder comme son testament politique : « Voilà
» mes idées fondamentales, un président électif et rééli-
» gible, deux Chambres, une entièrement élective, l'autre
» pour moitié seulement; » c'est exactement, en prin-
cipe, la solution de 1875 ; par malheur, le général se
trompait quand il voulait confier l'élection du président
au suffrage universel ; la France a partagé cette erreur
et vous savez combien cela lui a coûté cher ; cela lui a
valu le 2 Décembre et le second empire! (Applaudissements.) Notre nouvelle Constitution, au contraire, nous
a déjà donné deux présidents ; ce n'est pas à nous qu'il
peut convenir de louer le premier, mais enfin l'histoire
en dira que, malgré les excitations les plus coupables,
les plus criminelles, il n'a pas violé la loi, et, quant à
l'autre, nous saluons avec bonheur en lui l'incarnation
du droit ; nous le vénérons comme un chef vraiment
digne de la France républicaine! (Applaudissements.)

Hoche était en politique l'ennemi déclaré des vio-
lences ; il avait l'horreur de ce dont nous avons tant

souffert, de *la candidature officielle;* il réclamait en
matière électorale non-seulement l'abstention du Gouvernement mais même, par un touchant scrupule, celle
de la presse qu'il voulait libre en toute autre matière,
aux personnalités près ; voici comment il s'exprimait:
« Abstention du Gouvernement et de la presse implici-
» tement et explicitement à l'égard des candidats ;
» j'entends presse écrite et presse parlée. Point de li-
» berté sans cela. Il faut que le candidat soit désigné par
» la considération qui l'entoure, l'estime qu'il inspire. »
Barrère disait de Hoche et bien des biographes ont
répété après lui qu'il avait dans l'esprit une sorte
d'immodération; je n'en trouve guère la trace dans
les idées si prudentes, si sages que je viens de vous
rappeler, Messieurs, ni surtout dans cet autre passage
non moins digne d'être médité par vous à l'heure pré-
sente :
» Il ne faut faciliter les menées ni de *l'aristocratie*,
» ni de la *démagogie*. Ce sont deux minorités qu'il faut
» désarmer et empêcher de faire trop de bruit. *C'est*
» *servir la liberté que la restreindre chez qui la*
» *réclame pour opprimer.* » (Applaudissements).
On discute en ce moment dans la presse et dans les
Chambres des projets de lois qui intéressent au plus
haut point l'avenir de la France et de la République ;
les uns sont relatifs à l'éducation des femmes dont
notre ami Journault vous parlait tout à l'heure en termes excellents, les autres aux droits de l'Etat en
matière d'enseignement. Dès 1795, Hoche avait, pour
ainsi dire, réclamé les uns et les autres ; dans
une lettre adressée à sa femme, il blâmait avec vi-

vacité la façon dont on élevait alors les jeunes Françaises : « En général, l'éducation én France ne » vaut rien, celle que l'on donne aux femmes sur- » tout. Nous faisons de nos filles des coquettes » étourdies ou des Agnès dont la timidité rebute. Les » Anglais s'y connaissent mieux que nous.... » et il faisait un charmant portrait des Anglaises de son temps en les opposant à nos Françaises ; ce n'était pas fort galant sans doute pour ses concitoyennes (Sourires), et nous ne savons si Hoche n'exagérait pas un peu le mérite des aimables filles d'Albion... de ce temps-là... ; mais, en tous cas, il faut le reconnaître, il avait alors trop raison contre ses compatriotes du sexe féminin ; aujourd'hui, n'en doutez pas, il eût été avec ceux qui demandent de profondes réformes dans l'éducation des femmes, sous peine de laisser le désaccord et le désor- dre s'introduire dans nos familles. (Applaudissements.)

Quant aux droits de l'Etat en matière d'enseignement, M. le Ministre de l'instruction publique qui les revendi- que, en ce moment même, à la tribune, aurait pu invo- quer expressément pour défendre son projet de loi l'autorité de Hoche : cherchant les moyens de pacifier la Vendée, il ouvrait son cœur à Carnot et en s'excusant modestement d'émettre des idées personnelles sur de si graves matières, en invoquant son « patriotisme ar- dent, son profond amour de l'humanité, » il écrivait d'Angers, le 10 ventôse an IV :

» J'ai su comment procédaient les ministres du culte » et quand j'ai vu où ils arrivaient, j'ai compris que » *ce n'était plus entre leurs mains qu'il fallait lais-* » *ser l'éducation et l'instruction des familles.* La

» théocratie ne fait que des esclaves ; elle prend l'en-
» fant au berceau ; elle ne lui laisse pas un moment de
» liberté ; elle l'enserre de tous les côtés ; elle lui trace
» son chemin, elle lui fait peur de tout, elle ne l'éclaire
» véritablement sur rien, elle l'entoure de spectres ;
» elle ne le conduit que par des monstres futurs dont
» elle peuple l'avenir, ou par des récompenses qui ne
» sont achetées que par l'absolu abandon de ses facultés
» natives et de sa raison.

» C'est là comment les prêtres ont élevé les hommes
» ou plutôt comme ils en ont fait des espèces de bêtes
» sauvages qn'ils ont muselés ensuite ou bien qu'ils ont
» lancés contre les amis de la droiture naturelle, de
» l'intelligence pure et de la vérité.

» *Il n'est pas possible de supporter aujourd'hui*
» *et de ramener ce régime.* Ces formes qui n'avaient
» produit et soutenu que le despotisme *ne sont plus*
» *supportables sous la République.* Il faut donc, en to-
» lérant les pratiques chrétiennes, enlever au sacer-
» doce l'enseignement des communes et, par là même,
» la direction de tout l'esprit public. » (Applaudissements). Nous sommes à coup sûr, Messieurs, moins
exigeants que ne l'était Hoche et si ce grand homme pouvait reparaître parmi nous il nous trouverait sans doute
timides. Rappelons-nous aussi qu'il demandait la
substitution générale de l'externat au régime de la
caserne imaginé par le moyen âge, développé par les
despotismes de tous les temps, favorisé souvent par la
paresse, l'incurie ou l'impuissance des familles, et enfin
qu'il voulait la gratuité de l'enseignement élémentaire
(Applaudissements.)

Voilà, mes chers concitoyens, comment Hoche entendait, il y a près d'un siècle, les questions qui nous préoccupent en ce moment ; voilà comment il mérite d'être considéré non-seulement comme une de nos plus grandes et plus pures gloires mais comme un hardi précurseur dans les domaines de la politique et de l'éducation ! Revenons donc sans cesse à lui et à ses généreux émules ; rapprochons-nous des hommes et des choses de la Révolution ; retrempons-nous dans les souvenirs d'un temps qui est encore trop peu et trop mal connu ; l'on a tant gâté, tant corrompu nos esprits, nos yeux et nos oreilles avec d'autres souvenirs, avec les traditions de la Monarchie et de l'Empire ! Nous avons à remonter un courant dix fois séculaire, à détruire tant de légendes, à remettre en lumière tant de nobles physionomies, à suivre tant d'exemples et tant de conseils longtemps dédaignés, oubliés, parfois inconnus ! Versaillais, des fêtes comme celle que vous avez noblement instituée et que vous célébrez en ce jour nous aideront dans cette œuvre sacrée. Puisse votre exemple être imité sur plus d'un point du territoire de la République ! Puisse la France s'inspirer chaque jour davantage de ses grands ancêtres, de ceux qui défendirent, il y a un siècle, avec la Patrie, la cause éternelle du Droit, de la Raison et de la Justice ! (Applaudissements prolongés et répétés. — M. Hippolyte Maze est vivement entouré et félicité.)

VERSAILLES. — IMPRIMERIE CERF ET FILS, 59, RUE DU PLESSIS.

www.ingramcontent.com/pod-product-compliance
Lightning Source LLC
Chambersburg PA
CBHW061650050726
47598CB00004B/1536